AF267903

ABBEVILLE (Somme)

PAILLART, IMPRIMEUR-ÉDITEUR

# APPROBATIONS

Opusculum : *Petite Vie de sainte Thérèse*, a duobus e nostris Theologis examinatum concedimus quantum ad nos attinet ut typis edatur, servatis omnibus de jure servandis.
Datum Romæ 17ª augⁱ 1895.

Fr. Bernardinus a Sª Teresia
*Præpositus Generalis Ordinis Carmel. Excalc.*

Imprimatur :

† RENÉ-FRANÇOIS,
Evêque d'Amiens.

# AVERTISSEMENT

Il manquait à l'intéressante collection des brochures illustrées de la maison PAILLART la *Vie de sainte Thérèse*. L'abrégé qui paraît aujourd'hui comble cette lacune. On sait que cette grande Sainte, sur l'ordre de ses confesseurs, a écrit elle-même *sa Vie* en langue espagnole. C'est principalement dans cet ouvrage qu'ont été puisées les pages que nous présentons au public. Le lecteur va donc entendre la Sainte elle-même lui parler, ce qui donnera au récit et plus de valeur et plus de suavité. Le plus souvent, c'est l'excellente traduction française du R. P. Bouix, de la Compagnie de Jésus, qui a été suivie ; mais nous avons aussi mis à profit la belle *Histoire de sainte Thérèse*, d'après les Bollandistes, etc., par une religieuse carmélite, 2 vol., 3ᵉ édition, 1885, ainsi que la *Vie populaire de la grande sainte Thérèse*, par un prêtre tertiaire du Carmel, 1882.

Nous prions saint Joseph de bénir cette brochure et de faire connaître et honorer partout sa fidèle et célèbre servante.

# VIE DE SAINTE THÉRÈSE

## I.
## Sainte Thérèse, enfant.

« Mes parents étaient des modèles de vertu. On voyait en mon père une admirable charité envers les pauvres et la compassion la plus vive pour les malades. Sa bonté à l'égard des serviteurs allait fort loin. Dans ses paroles il se fit toujours remarquer par un souverain respect pour la vérité.

« Ma mère était d'une ravissante modestie Douée d'une beauté rare, jamais elle ne parut en faire la moindre estime. Elle comptait à peine trente-cinq ans quand elle mourut, et déjà depuis longtemps elle avait adopté le costume sévère des personnes âgées. Elle charmait par la douceur de son caractère. Sa vie tout entière s'était écoulée dans de grandes infirmités qui firent admirer sa patience ; la mort la plus chrétienne en fut le terme et la couronne.

« Nous étions trois sœurs et neuf frères. Tous ont ressemblé à leurs parents par la vertu, excepté moi... »

C'est en ces termes si humbles que la grande sainte Thérèse commence le récit de sa vie qu'elle écrivit elle-

Vue d'Avila. — J'avais un frère que j'aimais plus que les autres p. 2).

même d'après l'ordre de ses confesseurs. Elle naquit à AVILA, vil e d'Espagne située dans la Vieille-Castille, le 28 mars 1515, aux premières lueurs du jour, pendant que les cloches tintaient l'*Angelus*. Si elle prétend qu'elle fut la moins vertueuse de sa famille, gardons-nous de la croire ; c'est le contraire qui eut lieu. Mais les saints cherchent toujours à se rabaisser. Laissons-la continuer.

« Je chérissais tous mes frères de l'affection la plus tendre, et ils me payaient de retour. Toutefois il y en avait un que j'aimais plus que les autres. Il était à peu près de mon âge et nous lisions ensemble les *Vies des Saints*. En voyant les divers supplices que les martyrs enduraient pour Dieu, je trouvais qu'ils achetaient à bon compte le bonheur d'aller jouir de lui toute une éternité, et je brûlais, moi aussi, du désir de mourir d'une mort si belle. »

Ce frère préféré se nommait Rodrigue. Il avait onze ans et sa sœur sept, lorsque les deux enfants, un jour de grand matin, s'échappèrent furtivement de la maison paternelle, emportant avec eux une croûte de pain. Déjà ils avaient traversé la ville et passé le pont jeté sur l'Adaja, lorsque, à un quart de lieue d'Avila, ils virent arriver à leur rencontre un de leurs oncles, qui venait de la campagne et les reconduisit à leurs parents pleins d'alarmes. La mère interroge les deux fugitifs : « Pourquoi vous enfuir ainsi ? » Le garçon de répondre : « C'est la petite, c'est la *Niña* qui m'a entraîné. » Et la petite à son tour : « Je suis partie, dit-elle, parce que je veux mourir pour voir Dieu. Nous allions au pays des infidèles afin qu'ils nous tranchent la tête... Je disais souvent à mon frère: Rodrigue, songes-y bien ! les martyrs voient TOUJOURS Dieu, TOUJOURS ! TOUJOURS !... Il faut que nous soyons aussi martyrs. »

O femme intrepide qui à sept ans courez à une mort glorieuse et y entraînez les autres !

Elle continue en ces termes : « Dès que je vis qu'il nous était impossible de marcher au martyre, nous résolûmes de mener la vie des ermites au désert. Dans le jardin attenant à la maison, nous nous mîmes à bâtir de notre mieux des ermitages en posant de petites pierres l'une sur l'autre, mais ils s'écroulaient aussitôt ! » Ainsi Thérèse dut renoncer à la vie érémitique comme au martyre. Dieu se contenta pour lors de ses désirs. Plus tard il les exaucera à sa manière. Maintenant il fait comprendre à la pieuse enfant qu'elle doit s'appliquer aux vertus de son âge sous la direction de ses pieux parents.

Elle s'y applique de toute son âme, « fait l'aumône de tout son pouvoir, mais son pouvoir est bien petit. Elle sait trouver des heures de solitude pour accomplir ses exercices de piété qui sont nombreux. Elle se plaît surtout à réciter le saint rosaire, pratique que sa mère avait extrêmement à cœur et qu'elle a su inspirer à ses enfants. Les saintes images sont l'objet de son amour et de sa vénération. *Quand on aime Notre-Seigneur, on se réjouit de voir son portrait.* Dans sa chambre est suspendu un tableau qui représente la Samaritaine au puits de Jacob, disant au Sauveur : *Seigneur, donnez-moi de cette eau.* Le soir avant de s'en-

dormir, l'enfant fait la même demande, et se sent dévorée de la soif d'aimer Dieu. »

« Avec les compagnes de mon âge, dit-elle encore, mon grand plaisir était aussi de bâtir de petits monastères et d'imiter les religieuses. Mais plus grande était mon envie de donner ma vie pour Dieu et de vivre au désert, que celle d'être religieuse dans un couvent. »

Telle fut l'enfance de sainte Thérèse, douce et pure comme l'aurore d'une belle journée de printemps.

O grande sainte, aimable protectrice des enfants, gardez leur innocence !


## II. — Sainte Thérèse, adolescente.

« J'avais douze ans ou à peu près quand ma mère mourut. Je vis la grande perte que j'avais faite ; dans ma

Nous allions au pays des infidèles, afin qu'ils nous tranchent la tête (p. 2).

douleur, *j'allai me jeter aux pieds d'une image de Notre-Dame, et, avec beaucoup de larmes, je la conjurai de devenir ma mère.* Cette prière faite avec la simplicité d'un enfant fut entendue : depuis ce jour je n'ai jamais eu recours à la très sainte Vierge sans m'être vue exaucée. Si je suis revenue de mes égarements, c'est elle qui m'en a retirée. »

Quels furent ces égarements dont va parler la Sainte ? Sans doute elle commit des fautes véritables que sa conscience lui reprochait à juste raison : elle craignait de s'être exposée au danger de pécher mortellement, mais très certainement aucune faute de sa vie n'a atteint la gravité d'un péché mortel. Thérèse, de l'aveu de la sainte Église, a conservé jusqu'à la mort l'innocence de son baptême. D'autre part, ce qu'elle appelle « ses grandes infidélités » ne durèrent que trois mois. Elle va nous les signaler avec la plus grande douleur : ce sont des lectures imprudentes, la compagnie de personnes légères et le goût des parures.

« Une amère tristesse s'empare de moi quand je pense aux causes qui me rendirent infidèle aux saints désirs de mon enfance. *Combien ils manquent à leur devoir les pères et mères qui ne prennent pas soin que leurs enfants ne voient que de bons exemples!* Au lieu d'imiter tant de bonnes qualités qui se trouvaient en ma mère, je pris d'elle ce qui était défectueux. Toujours souffrante, elle se délassait, après son travail, à lire des romans de chevalerie, et nous permettait de les lire. Cependant cela déplaisait fort à mon père et il ne fallait pas qu'il le vît. *Peu à peu je contractai l'habitude de telles lectures ; dès lors aussi je vis se refroidir mes bons désirs et commençai à manquer à mes devoirs.* Je ne trouvais point de mal à passer plusieurs heures du jour et de la nuit dans une occupation si vaine, en me cachant de mon père. A la fin je m'y livrai tout à fait avec passion, et, pour être contente, il me fallait un livre nouveau. » Ces lectures exaltèrent tellement l'imagination de la jeune Thérèse que, de concert avec son frère Rodrigue, elle se mit à composer un semblable livre d'aventures romanesques. Mais c'est surtout après la mort de sa mère, que cet entraînement eut des conséquences fâcheuses.

« Bientôt, dit-elle, je pris goût à la parure et cédai au désir de plaire. J'avais grand soin de mes mains et de mes cheveux. J'aimais les parfums et les autres vanités, et j'étais fort ingénieuse à me les procurer. Mon intention en cela n'était pas mauvaise, je n'aurais pas voulu pour rien au monde porter personne à offenser Dieu pour l'amour de moi. *Maintenant je reconnais tout le mal que cela devait être!*

« Mon père, prudent comme il était, ne permettait

l'entrée de la maison qu'à des personnes de notre parenté.
Plût à Dieu qu'il la leur eût aussi refusée! Ces parents
étaient à peu près de mon âge. Leur compagnie me fut
très nuisible. Nous étions toujours ensemble. Pour ne pas
leur déplaire, je les laissais parler de toutes leurs folies,
et, ce qui est
pire, c'est que
mon âme prit
plaisir à ces cau-
series. *Si j'avais
un conseil à don-
ner à un père, à
une mère, je leur
dirais de bien
prendre garde
avec quelles per-
sonnes les en-
fants se lient à
cet âge, car,
ayant naturel-
lement plus de
pente au mal
qu'au bien, ils
peuvent rencon-
trer dans ces liai-
sons de grands
dangers pour la
vertu.* Parfois j'en suis tout
effrayée ; je parle d'après ma
propre expérience. J'avais
une sœur beaucoup plus âgée
que moi, dont la conduite
était irréprochable : au lieu
de suivre son exemple, je fis
passer en moi toutes les mau-
vaises qualités d'une parente
très légère qu'on ne pouvait empêcher de
venir nous voir. Sa conversation produisit
en moi le plus triste changement. Il ne
me resta presque plus rien de mes heureuses dispositions
pour la vertu. *Je suis convaincue que si à cet âge je m'étais
liée à des personnes vertueuses, j'aurais persévéré dans ma
première ferveur.* La crainte filiale de Dieu s'effaça bientôt
de mon cœur pour n'y plus laisser que celle de manquer
à l'honneur. Car, pour aucune amitié de la terre, je n'aurais voulu manquer gravement à l'honneur. Mais dans les

Nous nous mîmes à bâtir de notre mieux de petits ermitages (p. 2).

choses légères, quand j'espérais qu'elles ne seraient pas connues, je ne craignais pas d'aller contre ses lois et contre ma conscience.

« Cependant je dois à la vérité de dire que je n'ai jamais senti en moi le moindre attrait pour ce qui peut flétrir l'innocence; j'ai toujours eu une invincible horreur pour les choses déshonnêtes. Seulement je cherchais un agréable passe-temps dans ces sociétés de famille, et elles pouvaient me devenir une occasion très dangereuse. Dieu seul m'a délivrée de tant de périls.

« Il y avait à peine trois mois que je menais cette vie d'infidélités, quand mon père et ma sœur, qui étaient vraiment affligés de me voir retenue dans de telles amitiés, me firent entrer dans un couvent de la ville où l'on élevait des jeunes personnes de ma condition. On choisit pour cela le moment du mariage de ma sœur. »

O grande Sainte, qui avez tant pleuré des fautes légères et de courte durée, priez pour la jeunesse chrétienne exposée à tant de périls.

## III. — Vocation de sainte Thérèse.

Thérèse avait quinze ans, quand elle fut mise en pension chez les Augustines d'Avila. « Les huit premiers jours, écrit-elle, j'éprouvai un cruel ennui. J'étais lasse de la conduite que j'avais tenue précédemment et j'avais de grandes craintes d'avoir beaucoup offensé Dieu dans tous ces vains entretiens que j'ai rapportés; je me confessai plusieurs fois. Enfin les huit jours n'étaient pas écoulés que mon inquiétude cessa; mon âme retrouva la paix et je me trouvai plus heureuse au pensionnat que chez mon père.

« Le démon n'eut garde de m'oublier au sein de cette paix profonde dont je commençais à jouir, et il essaya de la troubler en poussant mes anciennes connaissances à me faire des visites et à m'envoyer des messages. Mais la vigilance dont j'étais entourée mit bientôt fin à ces tentatives.

« De leur côté toutes les habitantes du monastère étaient fort contentes de moi et me témoignaient beaucoup d'affection. C'est une faveur que Dieu m'a faite; partout où j'ai été, l'on m'a toujours vue avec plaisir. J'avais alors une vive horreur de devenir religieuse, mais ce m'était une vraie joie de voir la piété et la régularité des religieuses de cette maison et de vivre au milieu d'elles. Je sentis bientôt renaître en moi les saintes habitudes du premier âge et *je compris quelle grande grâce Dieu nous fait en nous mettant dans la compagnie de personnes vertueuses.*

« Dans ce monastère vivait une religieuse fort sainte et de grand jugement, laquelle avait le soin des pensionnaires. Dieu voulut se servir d'elle pour m'ouvrir les yeux à sa lumière. Elle parlait de Dieu avec tant de charme que je ne me rassasiais pas de l'entendre ; d'ailleurs toute ma vie j'ai éprouvé un grand bonheur a entendre parler de Dieu. Mon séjour en ce couvent ne fut que d'un an et demi, mais il produisit en moi le plus heureux changement. J'y contractai l'habitude de faire un grand nombre de prières vocales. Je suppliais toutes les religieuses de me recommander à Dieu afin qu'il me fit embrasser l'état où il voulait que je le servisse. Mais intérieurement je souhaitais que ce ne fût pas l'état religieux. Cependant à la fin de ma pension *j'inclinais plutôt vers la vie religieuse*. Il est vrai que *ces saintes pensées d'entrer en religion ne venaient que par intervalles* et s'évanouissaient bientôt, me laissant flottante et indécise sur le parti à prendre.

« Le divin Maitre se chargea lui-même de me préparer à la profession qui m'était la plus avantageuse, en m'envoyant une grave *maladie* qui me força de retourner chez mon père. Dès que je fus rétablie, on me conduisit voir ma sœur mariée qui demeurait à la campagne : elle me reçut avec beaucoup de tendresse et eût souhaité me conserver toujours avec elle. En revenant, je m'arrêtai en che-

Je conjurai la Sainte Vierge de devenir ma mère (p. 4).

min chez un de mes oncles. frère de mon père, et qui était veuf. O mon Dieu, c'était là que vous m'attendiez pour m'attirer à vous ! Cet homme était fort sage, très vertueux et détaché du monde : quelques années après, malgré son âge avancé. il embrassa l'état religieux dans lequel il est mort saintement : j'ai tout lieu de croire qu'il jouit maintenant de la gloire du ciel. Il voulut me retenir plusieurs jours chez lui. Sa conversation roulait ordinairement sur les choses de Dieu et la vanité du monde. Son principal exercice était de lire de bons livres en langue castillane. Il demanda que je lui fisse la lecture : je n'en avais nullement le goût, mais, comme pour faire plaisir, je portais la complaisance à l'excès. je me montrai fort contente de sa proposition. Je ne passai que peu de jours chez cet oncle : cependant ses entretiens. ses exemples, la parole de Dieu que je lisais ou entendais, laissèrent dans mon âme une impression profonde. *Je vis de nouveau le néant de tout. la rapidité avec laquelle tout passe. Ma volonté dès lors se portait fortement vers la vie religieuse, sans achever de se rendre.* N'importe, JE VOYAIS QUE C'ÉTAIT L'ÉTAT LE PLUS PARFAIT ET LE PLUS SÛR.

« *Pendant trois mois je livrai bataille à ma volonté rebelle.* Voici les armes dont je me servais : « les peines et les souffrances de la vie religieuse ne sauraient dépasser ce qu'on endure au purgatoire. et moi je m'étais rendue digne de l'enfer. Ensuite si le cloître a ses austérités, je ne faisais rien de considérable en souffrant un peu pour un Dieu qui avait tant souffert pour moi. D'ailleurs il m'aiderait de sa grâce. » En ces jours-là j'eus de rudes assauts à soutenir. Heureusement j'étais devenue amie des bons livres ; je lisais les épîtres de saint Jérôme et *cette lecture m'affermit tellement dans ma résolution d'être toute à Jésus-Christ. que je ne balançai plus à la déclarer à mon père.* Or, faire cette déclaration et prendre l'habit religieux était pour moi comme une seule et même chose, car, par attachement à l'honneur. je ne me serais jamais permis de revenir sur ma parole une fois donnée.

« Mon père qui m'aimait tendrement ne voulut pas céder à mes instances. ni à celles que d'autres firent pour moi. Tout fut inutile. La seule chose que l'on put obtenir de lui, fut qu'après sa mort je ferais ce que je voudrais. »

D'un côté, le Père des Cieux appelle Thérèse à suivre son divin Fils, de l'autre. son père de la terre la retient. Que doit faire Thérèse ? Jésus-Christ répète aussi à son oreille cette parole de l'Évangile : *Celui qui aime quelqu'un plus que moi. n'est pas digne de moi. Celui qui veut me suivre doit tout quitter pour mon amour : son père, sa mère. ses frères. ses sœurs. ses biens.* La courageuse Thérèse va

nous montrer comment l'amour de Jésus triompha en elle
de l'amour de ses proches.

## IV. — Sainte Thérèse, carmélite.

« Comme je craignais pour ma persévérance dans le
bien si je restais plus longtemps dans le monde, je jugeai
qu'il ne me convenait pas de retarder mon entrée au couvent. Pendant que j'étais dans ces pensées, je persuadai

à l'un de mes frères (Antoine), de se faire religieux, en
lui montrant la vanité du monde. Nous résolûmes que
nous quitterions la maison un jour de grand matin et qu'il
me conduirait d'abord au monastère (des Carmélites) où
j'avais une amie qui m'était très chère. Cependant je me
sentais prête à aller dans tout autre, si j'avais eu l'espoir
d'y mieux servir Dieu, ou que mon père m'en eût témoi-
gné le désir, parce que je n'avais plus en vue que mon
salut.

« Oui, je dis vrai en affirmant que, quand j'aurais été à
ma dernière agonie, je n'aurais pas souffert davantage
qu'au moment de sortir de la maison paternelle. Il me
semblait que tous mes os allaient se détacher les uns des
autres. Mon amour pour Dieu n'étant pas encore assez

Je voyais que l'état religieux était le plus parfait et le plus sûr (p. 8).

fort pour surmonter celui que j'avais pour ma famille, la lutte fut si violente que, sans l'assistance divine, j'allais succomber. Enfin, *Notre-Seigneur vint à mon secours, il me donna du courage contre moi-même, et je partis.*

« Dès le moment (1) que je pris l'habit, j'éprouvai combien Dieu favorise ceux qui se font violence pour le servir. Il ne se peut dire quelle joie je ressentis lorsque je me vis revêtue de ce saint habit de la Vierge, et elle a toujours continué jusqu'à cette heure. Je ne trouvais rien que d'agréable dans tous les exercices du noviciat. Parfois il m'arrivait de balayer aux mêmes heures que j'employais autrefois à mes amusements et à mes parures, et j'avais infiniment de plaisir d'être enfin délivrée de toutes ces vanités. D'où pouvait me venir tant de bonheur, il m'était impossible de le comprendre. Quand j'y pense, il n'y a rien de si difficile que je ne me sente le courage d'entreprendre. Aussi j'oserais dire, si j'avais un conseil à donner : *Quand Dieu vous inspire à plusieurs reprises quelque grand dessein pour sa gloire, ne craignez pas de mettre la main à l'œuvre, malgré les répugnances de la nature, puisque le Seigneur est tout-puissant et qu'il peut le faire réussir.* C'est ce que j'ai expérimenté moi-même en bien des choses importantes.

« Durant l'année du noviciat, je me laissais aller à de grands troubles pour des choses de peu d'importance en elles-mêmes. Souvent je recevais des réprimandes sans les avoir méritées, et imparfaite comme j'étais, j'avais peine à les supporter. Cependant, avec le bonheur que j'avais d'être religieuse, tout cela passait. Comme j'aimais la solitude et que je me retirais volontiers à l'écart pour pleurer mes péchés, les Sœurs s'imaginèrent aussi que je n'étais pas contente et en parlèrent entre elles. Au fond j'étais fort affectionnée à toutes les observances du cloître, mais je ne savais endurer ce qui ressemblait au mépris. Au contraire, j'étais bien aise d'avoir l'estime des autres, et pour l'obtenir, je mettais un soin extrême à bien faire toutes choses, me persuadant à tort que c'était vertu d'agir avec une telle intention.

« Parmi les religieuses, il y en avait alors une malade d'une effroyable infirmité dont elle mourut bientôt. C'étaient d'affreux ulcères qui donnaient de l'horreur à toutes les Sœurs, mais qui ne produisirent en moi d'autres effets que de me faire admirer sa grande patience. Aussi je disais à Dieu que, s'il voulait m'accorder une semblable patience, je le priais de m'envoyer toutes les maladies qu'il lui plairait. Dieu exauça ma prière, car deux ans

(1) Le soir même du jour de son entrée, 2 novembre 1533.

n'étaient pas écoulés que je me trouvai atteinte d'un mal tout différent, mais qui me donna tout autant à souffrir durant plus de trois années, comme je le raconterai bientôt. » Ce que la Sainte ne dit pas ici, c'est qu'elle soigna elle même cette malade avec tendresse : elle lui baisait les mains, mangeait auprès d'elle, buvait au même verre, et lui protestait que, loin d'être dégoûtée de vivre à ses côtés, elle prenait un grand plaisir à la servir.

On le voit, Thérèse triomphait d'elle même, surmontant ses répugnances, s'humiliant de ses faiblesses, déplorant ses sensibilités. Ainsi s'écoula l'année du noviciat, pure et sans presque aucune offense de Dieu, écrit la Sainte. Le 3 novembre 1534, elle fit la profession solennelle des vœux d'obéissance, de chasteté et de pauvreté avec un grand courage et une immense joie, ainsi qu'elle le déclare elle-même. Elle avait alors dix-neuf ans et demi. Qu'on ne pense pas qu'elle ait accompli sans douleur ce sacrifice irrévocable de sa personne, de son corps, de ses

Notre-Seigneur me donna du courage contre moi-même et je partis (p. 10).

biens, de sa volonté surtout. Au contraire, cette immolation fut l'une des plus grandes souffrances de sa vie. Mais elle l'offrit à Dieu avec une admirable force d'âme que Dieu récompensa aussitôt en l'inondant de saintes délices.

Et Alphonse de Cépéda, son père ? Il était trop chrétien pour s'opposer longtemps à la volonté de Dieu : à peine sa fille fut-elle entrée au monastère, qu'il vint lui-même, de plein gré, donner son consentement.

En ce temps-là une prophétie avait cours au couvent de l'Incarnation : qu'une grande Sainte y vivrait et porterait le nom de Thérèse. Notre jeune novice demandait quelquefois en riant à l'une de ses compagnes qui portait le même nom qu'elle : « Laquelle de nous deux sera la Sainte ? »

O Sainte, pleine de courage, éclairez et fortifiez les âmes que Dieu appelle à lui.

## V. — Maladies et patience de Sainte Thérèse.

« Bien que je fusse au comble de mes vœux dans ce monastère, le changement de vie et de nourriture n'avait pas tardé d'altérer ma santé. J'avais des défaillances qui allèrent en s'augmentant et de si violents maux de cœur qu'on ne pouvait en être témoin sans être effrayé. Mon père n'aurait pu rien ajouter au soin qu'il prenait de moi, et parce que les médecins d'Avila ne trouvaient pas de remède à ma maladie, il voulut me conduire dans une localité où l'on disait se trouver des gens très habiles qui pourraient me guérir. Comme l'on ne faisait pas de vœu de clôture dans notre monastère, j'eus la liberté d'en sortir et d'être accompagnée en ce voyage d'une ancienne religieuse, mon intime amie dont j'ai déjà parlé.

« Étant partie au commencement de l'hiver (1535), je demeurai jusqu'au mois d'avril chez ma sœur, parce que le traitement ne devait commencer qu'au printemps. J'avais passé, en y allant, chez cet oncle dont il a été précédemment question. Il me donna un livre qui me profita beaucoup : j'y appris à faire oraison.

« Enfin, mon père, ma sœur et cette religieuse dont j'étais tendrement aimée, m'emmenèrent avec des soins infinis à l'endroit où l'on espérait me guérir. *J'y restai trois mois soumise à une véritable torture,* parce que les remèdes qu'on employa étaient trop énergiques pour ma complexion. Je ne sais comment je pus résister à tant de souffrances. Les douleurs de cœur devenaient si extraordinaires qu'il me semblait parfois qu'on le déchirait avec des dents aiguës. L'excès de mes maux fit même craindre

que ce ne fût de la rage.
La fièvre ne me quittait
pas J'étais réduite à ne
plus rien prendre que du
liquide. Mes nerfs se con-
tractèrent avec de telles douleurs que je n'avais ni jour
ni nuit un seul moment de sommeil. A tout cela vint se
joindre une immense tristesse.

« Mon père se décida alors à me ramener chez lui ;
mes premiers médecins me virent de nouveau et désespé-
rèrent totalement de moi, parce que, selon eux, à mes
autres infirmités, déjà graves, était venue se joindre l'étisie.
Des pieds à la tête, je souffrais d'une manière qu'on pourrait dire atroce. O ciel, quelle moisson de mérites, si
j'avais su en profiter ! *On ne comprenait pas comment je
pouvais avoir la patience que je montrais et que Dieu seul
évidemment me donnait. Son secours me venait surtout par
l'oraison.* Mes entretiens n'étaient qu'avec lui. Il me forti-
fiait aussi beaucoup par ces paroles de Job que j'avais
presque toujours présentes à l'esprit et que mes lèvres
répétaient sans cesse : *Puisque nous avons reçu tant de
biens de la main du Seigneur, pourquoi n'en recevrions-
nous pas les maux ?*

« Ce martyre me dura depuis le mois d'avril jusqu'au
15 août. La fête de l'Assomption étant venue, je demandai

<hr>

« Ou souffrir ou mourir. » voilà son héroïque devise (p. **14**).

à me confesser. On s'imagina que c'était par crainte de la mort, et mon père, pour me rassurer, ne voulut pas me le permettre O amour excessif, amour selon la chair et le sang, qui faillit me devenir funeste, bien qu'il vînt d'un père si sage, si catho ique et si éclairé. Cette nuit-là même je tombai en défaillance et je restai sans connaissance durant quatre jours. On me donna dans cet état l'Extrème-Onction. A tous moments on croyait que j'allais expirer. Personne ne douta même plus que je ne fusse morte, sauf mon père qui était inconsolable d'avoir empêché ma confession. Il pous·ait de grands cris vers le Ciel. Béni soit à jamais Celui qui daigna les entendre ! Dans notre couvent on avait déjà creusé ma fosse qui resta ouverte un jour et demi, et les religieuses étaient venues à la maison pour emporter mon corps ; un service pour le repos de mon âme avait été aussi célébré dans un monastère voisin de Pères Carmes, quand il plut à Dieu de me rappeler à la vie. Je me confessai aussitôt, en déclarant tout ce en quoi j'avais offensé Dieu. D'ailleurs, c'est une grâce que Dieu m'a faite : depuis ma première communion j'ai toujours aimé à me confesser souvent et chaque fois j'avais soin d'accuser tout ce que je croyais être un péché, quelque léger qu'il fût. Mais alors même que la mort m'eût frappée au milieu de cette défaillance, je crois que Dieu m'aurait fait miséricorde, parce que j'avais l'habitude d'éviter le péché mortel. Cependant quand je songe à cet événement, je ne puis m'empêcher de trembler pour le danger que j'ai couru, et je ne saurais trop bénir Dieu qui a délivré mon âme. Qu'il soit béni à jamais ! Que je sois réduite en cendres plutôt que je cesse de l'aimer. »

A Pâques fleuries, Thérèse voulut à tout prix être transportée dans son monastère. *Elle resta pendant trois ans percluse*, et ses actions de grâces furent bien vives, quand elle put se traîner un peu sur les mains. Les médecins déclarèrent sa paralysie incurable.

« Je souffrais tous ces maux, dit-elle, avec beaucoup de résignation à la volonté de Dieu, et les derniers avec joie parce qu'ils ne paraissaient plus rien en comparaison des premiers, mais *quand ils m'auraient duré toute la vie, je me trouvais disposée à me soumettre à la sainte volonté de Dieu.* » Nous verrons bientôt comment saint Joseph la guérit de la paralysie et de la fièvre. Mais Thérèse aura à souffrir toute sa vie ; elle ne sera presque jamais sans ressentir diverses douleurs. La souffrance deviendra pour elle un besoin, une joie. Elle ne pourra supporter la vie qu'à la condition d'y endurer beaucoup de maux pour le Maître bien-aimé. « Ou souffrir, ou mourir » : voilà son héroïque devise.

O Vierge, martyre par vos douleurs et votre patience, apprenez-moi à souffrir pour l'amour de Jésus.

## VI. — Sainte Thérèse est guérie par Saint Joseph : sa devotion à ce grand Saint, à la Très Sainte Vierge et au Très Saint Sacrement.

« Me trouvant, quoique si jeune, frappée de paralysie, et voyant l'état misérable où les médecins de la terre

m'avaient réduite, je résolus de m'adresser à ceux du ciel. Je pris pour avocat et protecteur auprès de Dieu le glorieux saint Joseph, et me recommandai beaucoup à lui. Je fis dire des messes, et j'eus recours à des prières approuvées, car je n'ai jamais aimé les dévotions où il entre certaines pratiques superstitieuses qui plaisent surtout aux femmes. *Saint Joseph fit éclater à mon égard sa puissance et sa bonté. Grâce à son pouvoir, je me levai, je marchai, la paralysie disparut.*

Je n'abandonnai plus l'oraison. Elle fut le remède à tous mes maux (p. 20).

*« Je ne me souviens pas, d'ailleurs, de lui avoir rien demandé jusqu'à ce jour, qu'il ne me l'ait accordé ;* il a même toujours dépassé mes espérances et m'a délivrée de beaucoup de périls tant de l'âme que du corps. *Il semble que Dieu accorde à d'autres Saints la grâce de nous secourir en certaines nécessités, mais je sais, par expérience, que saint Joseph nous secourt en toutes.* Notre-Seigneur veut sans doute nous faire voir que de même qu'il lui était soumis sur la terre parce qu'il lui tenait lieu de père et en en avait le nom, de même au ciel il ne sait rien lui refuser. D'autres personnes à qui j'ai conseillé de se recommander à ce grand Saint, l'ont éprouvé comme moi ; plusieurs ont maintenant pour lui une grande dévotion, et je reconnais tous les jours de plus en plus la vérité de ce que je viens de dire.

« Je faisais tout ce qui dépendait de moi pour qu'on célébrât sa fête avec beaucoup de solennité. Depuis quelques années *j'ai l'habitude de lui demander une grâce spéciale le jour de sa fête et j'ai toujours vu qu'il m'a exaucée ;* si ma demande était imparfaite, il savait la redresser et m'accorder ce qui m'était le plus avantageux.

« Si j'avais le loisir de tout écrire, ce serait pour moi un grand plaisir de rapporter en détails les grâces dont tant de personnes sont comme moi redevables à son intercession. Je me contenterai, en cette rencontre, de conjurer pour l'amour de Dieu ceux qui ne voudraient pas me croire, d'en faire l'épreuve. Ils connaîtront par leur expérience combien il est avantageux de recourir à ce glorieux patriarche et de l'honorer d'un culte particulier. La mienne me pousse à persuader à tout le monde une aussi salutaire dévotion. Je n'ai connu personne l'ayant pratiquée véritablement, qui n'ait fait de grands progrès dans la vertu. Les personnes d'oraison surtout devraient s'y adonner particulièrement D'ailleurs, je ne comprends pas comment on peut penser à la Reine des anges et à l'Enfant-Jésus sans remercier saint Joseph de l'assistance qu'il leur a rendue. Que celui qui ne trouve personne pour lui enseigner l'oraison, choisisse cet admirable Saint pour guide : il n'aura pas à craindre de s'égarer. »

Notre-Seigneur et la très sainte Vierge révélèrent à plusieurs reprises à notre Sainte qu'ils avaient pour agréable sa grande dévotion à saint Joseph. Elle voulut lui consacrer le premier monastère qu'elle fonda et la plupart des autres qu'elle établit ensuite. Les exemples et les écrits de sainte Thérèse ont beaucoup contribué à répandre dans toute l'Église le culte de saint Joseph et à l'augmenter dans l'ordre du Carmel où il existait de temps immémorial.

Nous ne pouvons nullement douter que notre Sainte n'ait eu une dévotion encore plus grande pour l'auguste Mère de Dieu. Nous avons vu avec quelle affection elle se consacra à la Mère du ciel, après avoir perdu sa mère ici-bas. C'est dans son ordre, l'ordre de Notre-Dame du Mont-Carmel qu'elle voulut entrer. Et quand elle établira la réforme de cet ordre antique, c'est en particulier pour rendre service et honneur à la Vierge. Notre-Seigneur lui-même la remerciera d'avoir relevé l'ordre de sa Mère. Cette divine Mère fit à sa sainte fille de bien précieuses faveurs qu'il serait trop long de rapporter dans cette courte notice.

Que dirons-nous de sa dévotion à l'adorable Sacrement de nos autels ? Au rapport de ses historiens, elle était admirable. Sa foi vive lui montrait Jésus-Christ présent dans la sainte hostie, comme si elle l'eût vu de ses yeux, et lui faisait dire que nous n'avons rien à envier à ceux qui ont vécu avec Notre-Seigneur. Grande était sa joie de pouvoir lui donner un nouveau séjour en bâtissant des

A plusieurs reprises, l'ange plongeait son dard de feu au travers de mon cœur (p. 22).

monastères et des églises, surtout dans le temps où les hérétiques les détruisaient. Elle pleurait beaucoup les profanations des sanctuaires et des saints tabernacles. Pour tout ce qui touchait au culte du Saint-Sacrement : les autels, les ornements sacrés, les linges, elle voulait que tout fût au mieux, très propre, dans un ordre parfait, et même parfumé. Elle communiait aussi souvent que ses confesseurs le lui permettaient et sur la fin tous les jours, avec un tendre amour et un profond recueillement. C'est au moment de la communion que Dieu lui fit la plupart des faveurs qu'elle a reçues de lui. Elle disait que les instants qui suivent la communion sont très précieux pour traiter avec Notre-Seigneur, qu'il fallait demeurer avec lui un bon espace de temps sans nous occuper d'autre chose. De cette dévotion au Très Saint-Sacrement venait sa profonde révérence pour les prêtres : suivant l'usage d'Espagne, elle se mettait à genoux devant eux, même sur les places publiques, pour baiser leurs mains et demander leur bénédiction.

O Thérèse, aidez-nous à aimer et à honorer Jésus, Marie, Joseph.

## VII. — Sainte Thérèse et l'oraison

« Je ne saurais trop remercier Notre-Seigneur de la grâce dont il me favorisait de pouvoir faire oraison. Elle avait fait germer en moi de nouvelles vertus. Je ne disais le moindre mal de personne ; au contraire je justifiais ceux qui étaient l'objet des médisances. J'avais toujours cette maxime devant les yeux : je ne devais me plaire ni à entendre, ni à dire moi-même ce que je n'aurais pas voulu qu'on dît de moi. Grâce à ma persuasion, les religieuses et les personnes du dehors avec qui je conversais, contractèrent bientôt la même habitude. Le public en eut bientôt connaissance : là où j'étais, disait-on, les absents étaient à l'abri des coups de langues

« L'oraison m'avait aussi donné l'amour de la solitude. Je me plaisais extrêmement à parler de Dieu et à penser à lui ; j'éprouvais plus de plaisir à m'entretenir de Dieu que dans toute la prétendue politesse des conversations du monde. Je me confessais souvent. La lecture des bons livres faisait mes délices Mon cœur était brisé des fautes qu'il m'arrivait de commettre. *Tous ces heureux indices de la crainte du Seigneur étaient le fruit de mon oraison ;* mais cette crainte était en moi tout amoureuse : je ne craignais que de déplaire à Dieu sans penser au châtiment. »

Malheureusement en ce couvent les religieuses avaient

trop de facilité pour recevoir les personnes du monde et
aller au dehors. Sainte Thérèse avoue que pour plusieurs
un monastère sans clôture est plutôt le chemin de l'enfer.
Encore quelques années et, sous l'inspiration de Dieu, elle
apportera remède à de tels périls. Mais pendant plus de
vingt ans elle se vit obligée de converser fréquemment
avec les gens du monde, et bien que ses entretiens rou-
lassent toujours
sur Dieu, cepen-
dant il s'ensuivit
qu'elle tomba dans
une certaine dis-
sipation et dans
beaucoup
d'imperfec-
tions qui
auraient pu,

à la longue, l'entraîner à sa perte
éternelle. Alors Thérèse perdit le
goût de faire oraison. Le démon,
sous un faux prétexte d'humilité, lui persuada qu'elle
était trop imparfaite pour continuer de parler à Dieu
dans l'oraison. « Je crus donc, dit-elle, que je devais
me contenter de prières vocales Cependant, connaissant
les grands avantages de l'oraison mentale, même au
temps où j'y fus infidèle, je la persuadais aux personnes
dont je souhaitais le bien : à mon père et à d'autres
qui en retirèrent de grands fruits. Je leur donnais des
livres de méditation et leur enseignais la manière de
la faire. Aveuglement ! je travaillais au salut des autres et
je me négligeais moi-même. Mon père étant tombé gravement malade de la maladie dont il mourut et qui ne lui
dura que quelques jours, j'allai lui donner des soins.

Notre-Seigneur me commanda d'établir un monastère *réformé* (p. 26).

Accablée moi-même d'infirmités, je surmontai tout pour le servir. Qu'il fut admirable à sa dernière heure ! Comme il soupirait après la patrie ! En ce moment suprême il regrettait de n'être pas entré dans un ordre austère et de ne pouvoir mourir religieux. Sa mort fut toute sainte. Son confesseur, religieux dominicain, me dit qu'il ne doutait pas que son âme ne fût allée droit au ciel »

« Or je me confessai plusieurs fois à ce Père ; il m'ouvrit les yeux sur les dangers que je courais, et me fit reprendre l'oraison. Je la repris donc après l'avoir laissée un an et demi, et depuis je ne l'ai plus quittée ; mais je ne m'éloignai pas pour cela des occasions qui retardaient l'avancement de mon âme. La vie que je menais alors me fut très pénible : d'un côté Dieu m'attirait à lui, de l'autre je prenais encore goût aux compagnies du monde ; je voulais, ce semble, allier ensemble ces deux choses si contraires : la vie spirituelle et la vie des sens. A l'oraison j'étais le plus souvent dans une lutte cruelle. Je passai dix-huit ans dans cette lutte, me traînant dans les bas sentiers de la perfection. *Mais je n'abandonnai plus l'oraison. Elle fut le remède à tous mes maux.* Enfin Dieu me donna la victoire : il me fit la grâce de renoncer pour toujours aux passe-temps avec le monde, lesquels m'étaient si préjudiciables. Dès ce moment je ne cessai de faire de rapides progrès dans les voies intérieures : *Dieu me combla de ses faveurs par le moyen de l'oraison.* »

Sainte Thérèse ne recommande rien tant dans ses écrits que la pratique de l'oraison (ou prière) soit mentale, soit vocale. « Celui qui ne fait pas oraison, s'écrie-t-elle, n'a pas besoin d'être porté en enfer par les démons, il s'y jette lui-même. Si une âme persévère dans l'oraison, Notre-Seigneur la conduira, j'en suis sûre, au port du salut. » C'est ce que redira plus tard en d'autres termes saint Alphonse de Liguori : « Celui qui prie, se sauve, celui qui ne prie pas, se damne. »

Par prière vocale, sainte Thérèse entend une prière récitée d'esprit et de cœur, car prier sans faire attention à Dieu ou à ce qu'on lui dit, en occupant son esprit volontairement à toute autre chose, sans penser auparavant à qui l'on va parler et quel est celui qui parle, prier de cette manière est-ce véritablement prier ?

Sainte Thérèse conjure ceux qui ne font pas l'oraison *mentale*, de l'entreprendre. « *Je ne comprends pas, dit-elle, comment tout le monde n'aspirerait pas à s'entretenir avec Dieu par l'oraison.* » *Elle invite les imparfaits, les méchants eux-mêmes à s'y adonner. C'est pour eux le moyen d'arriver au repentir et à l'amendement. Elle supplie ceux qui ont commencé de faire oraison, de ne jamais l'abandonner sous*

*aucun prétexte, mais d'y persévérer tous les jours malgré leurs péchés, leurs chutes, les ennuis, les tentations.*

« Faire oraison mentale, c'est par exemple, dit-elle, penser à Dieu, à nos devoirs, à la mort, au jugement, au paradis, à l'enfer ; c'est encore tenir compagnie à Notre-Seigneur dans une scène de sa vie ou de sa passion pour considérer ses travaux et les souffrances qu'il a endurées pour nous. » Elle recommande *de ne pas se contenter de faire des réflexions, mais de produire à leur suite de pieuses affections, de bonnes résolutions, des demandes.* Pour soutenir l'attention, elle conseille de voir par la foi Jésus-Christ près de nous, ou, mieux encore, au dedans de nous ; ou bien de s'aider d'une image du Sauveur. Longtemps il sera avantageux de se servir d'un bon livre de méditation dont on lira quelques lignes et qu'on fermera ensuite, etc.

« L'oraison, ajoute-t-elle, est le chemin royal du ciel suivi par tous les saints et tous les élus. » O Thérèse, parfaite maîtresse en oraison, apprenez-nous à prier.

Le premier monastère fut dédié sous le nom de Saint Joseph. Statues de saint Joseph et de l'Enfant-Jésus p. 26).

## VIII. — La transverbération et la vision de l'enfer.

L'espace nous manque ici pour rapporter toutes les merveilles que le Seigneur opéra en sainte Thérèse par le moyen de l'oraison. Celles qui sont connues sous le nom de *transverbération* et *la vision de l'enfer* se rapportent aux années 1559 et 1560. La Sainte avait alors environ quarante-quatre ans.

« Voici, dit-elle, une vision dont Dieu me favorisa plusieurs fois. J'apercevais près de moi, à mon côté gauche, un ange petit et très beau. Je lui voyais entre les mains un long dard qui était d'or et dont la pointe semblait être de feu. A plusieurs reprises l'ange le plongeait au travers de mon cœur, et, en le retirant, il me laissait tout embrasée de l'amour de Dieu (1). » Pressée par cette recrudescence de l'amour divin, Thérèse, avec la permission de son confesseur, émit le vœu héroïque de faire en toutes choses ce qu'elle croirait être le plus parfait et le plus agréable à Dieu.

Voici maintenant ce qu'elle raconte de sa terrible vision de l'enfer. « Etant un jour en prière, je me trouvai tout d'un coup, je ne sais comment, plongée en enfer. Je compris que Dieu voulait m'y faire voir la place où devait m'entraîner ma vie de dissipation, si je n'y avais renoncé, parce que, insensiblement, elle m'aurait fait tomber dans des fautes graves. L'entrée de ce lieu de tourments me parut ressembler à un canal long et étroit, obscur et bas comme un four, dont le sol était recouvert d'une eau fangeuse, pestilentielle et remplie de serpents venimeux. Ce passage aboutissait à une muraille dans laquelle était creusée une cavité où je me vis renfermer, mais si à l'étroit que je ne pouvais ni m'y asseoir, ni m'y coucher. Les murs semblaient peser sur moi et me presser pour m'étouffer. Je sentis dans mon âme un feu qui ne se peut décrire et dans mon corps d'intolérables douleurs. Dans ma vie j'avais enduré, de l'aveu des médecins, les plus grandes douleurs qu'on puisse endurer ici-bas : elles ne sont rien cependant en comparaison de ce que je souffris

(1) Le cœur de sainte Thérèse, miraculeusement conservé à Albe de Tormez, a gardé la cicatrice de cette divine blessure, cicatrice longue et profonde, qui divise le cœur presque en deux.

Cœur de sainte Thérèse conservé au couvent d'Albe de Tormès.

en cette vision. Ce qui mettait le comble à ces tortures,
c'est la pensée qu'elles seraient sans fin et sans adoucisse-
ment. Encore ne sont-elles rien à leur tour auprès de
l'agonie de l'âme, qui ressent un brisement, un désespoir,
une tristesse que j'essaierais en vain d'expliquer. Je me
sentais brûler et hacher en mille morceaux sans voir ni
comprendre comment cela se faisait. Je ne crains pas de le
dire, le supplice des supplices en enfer c'est ce feu intérieur et ce désespoir de l'âme. Là, point de lumière, mais
des ténèbres épaisses : cependant on y perçoit tout ce qui
peut être le plus pénible à la vue.

« Tout ce qu'on peut entendre dire de l'enfer, tout ce
que j'en avais lu dans les livres, tous les supplices des
damnés décrits par les auteurs, tout cela n'est rien auprès
de la réalité, ou plutôt c'est la même différence qu'entre un
portrait et une personne vivante (1.

« Il s'est écoulé six ans depuis cette vision et son seul
souvenir, en l'écrivant, glace mon sang dans mes veines.
Ce souvenir me donne du courage pour supporter toutes
les tribulations et contradictions de la vie. *Depuis ce jour*

---

(1) Saint Augustin avait déjà dit auparavant que le feu de ce
monde n'est qu'un feu en peinture au regard de celui qui brûle les
réprouvés.

« Je suis *Thérèse de Jésus*. — Et moi je suis *Jésus de Thérèse* » (p. 28).

*tout me paraît facile à supporter vis-à-vis d'un seul instant que je passai dans ce cruel supplice. Cette vision a aussi allumé dans mon cœur la plus vive reconnaissance envers ce Dieu qui m'a délivrée de tels tourments. Elle a en outre fait naître en moi une indicible douleur à la vue de tant d'âmes qui se perdent.* et en particulier de ces hérétiques que le baptême avait fait membres de l'Église. Elle m'a donné en même temps les plus ardents désirs de travailler à leur salut. Pour arracher une seule âme à de si horribles supplices, je le sens. je suis prête à immoler mille fois ma vie. Quelle affliction ne devons-nous pas éprouver en voyant une âme livrée pour l'éternité à un tourment qui surpasse tous les tourments ! Qui pourrait soutenir un tel spectacle? Quel cœur n'en serait pas déchiré ? Si nous sommes touchés de compassion pour des misères qui durent peu, que devons-nous sentir pour des douleurs qui n'auront pas de fin ! Et pouvons-nous prendre un seul instant de repos en considérant la perte éternelle de tant d'âmes que le démon entraine chaque jour avec lui dans l'enfer?

« *Un autre désir que la même vision a excité en moi, c'est que nous nous occupions tout entiers à l'affaire de notre propre salut. Non.* point de réserves : faisons tout ce qui dépend de nous pour plaire à Dieu et ne cessons de lui demander à cette fin le secours de sa grâce. Il est bien dangereux de se contenter de médiocres efforts quand il s'agit d'une éternité. Surtout une âme qui tombe à chaque pas dans le péché mortel. comment peut-elle avoir un seul moment de repos et de bonheur ? Au nom du Seigneur, qu'elle se hâte de fuir les occasions, et ce Dieu de bonté ne manquera pas de venir à son secours comme il a fait pour moi.

« O doux Sauveur, daignez me soutenir désormais. afin que je ne tombe plus. Préservez-moi du malheur éternel, je vous en conjure par votre bonté infinie. Ainsi soit il »

## IX. — Sainte Thérèse fonde le couvent de Saint-Joseph.

A la suite de cette vision mystérieuse de l'enfer et d'autres non moins remarquables sur l'éternel bonheur des élus et l'éternel malheur des réprouvés, Thérèse se sent pressée de deux immenses désirs : sauver les autres et se sauver plus sûrement elle-même. Comment pense-t-elle parvenir à réaliser ce double but ? *En observant sa Règle le plus parfaitement qu'elle pourrait et en offrant à Dieu beaucoup de prières et de pénitences pour la conversion des pécheurs et des hérétiques.* Or. dans le monastère qu'elle habite, la chose lui est impossible. parce que la Règle n'y

est plus observée dans sa première rigueur mais avec des adoucissements, autorisés, il est vrai, par le Pape. Il est vrai encore qu'on y pratique beaucoup de vertus et que Dieu y est aimé et servi par de ferventes religieuses. Mais enfin, Thérèse trouve qu'elle y a la vie trop commode, pas assez d'oraison et des rapports avec le monde trop fréquents. Elle aspire à vivre dans un couvent où l'on observera la Règle primitive du Carmel, des jeûnes plus rigoureux, une abstinence perpétuelle, une sévère clôture... Tel est le rêve de Thérèse.

Or, le soir du 16 juillet 1560, en la fête de Notre-Dame du Mont-Carmel, qui avait amené au monastère un grand concours de monde, quelques amies de Thérèse, parentes ou religieuses, se trouvaient réunies dans sa cellule. On y parlait de la difficulté de vivre dans le recueillement au milieu d'une communauté si nombreuse. Tout à coup l'une d'entre elles, encore séculière, s'écria : « Eh bien ! nous toutes ici présentes, allons ailleurs pour mener une vie plus solitaire ; si vous vous sentez le courage de vivre comme des religieuses déchaussées, il y aura bien moyen de fonder un monastère. Pour ma part, j'offre pour cela mille ducats de ma dot. » Toutes approuvèrent cette proposition et Thérèse plus qu'aucune autre.

Saint Jean de la Croix inaugura le premier couvent des Carmes déchaussés (p 28).

« Je me hâtai, écrit-elle, d'en faire part à une dame veuve qui était de mes amies et entrait dans mes sentiments. Elle applaudit à notre projet. Mais une telle entreprise ne présentait guère de succès ; cependant, telle était l'ardeur de nos désirs que tout nous semblait possible. Nous convînmes, cette dame et moi, de beaucoup recommander cette affaire à Dieu.

« Un jour, comme je venais de communier, Notre-Seigneur me commanda expressément *de m'employer de toutes mes forces à l'établissement d'un tel monastère, m'assurant qu'il réussirait et que la ferveur avec laquelle il y serait servi lui procurerait beaucoup de gloire. Il voulait qu'il fût dédié sous le nom de Saint-Joseph. Ce saint ve llerait d'un côté à notre garde, la très sainte Vierge à l'autre, tandis que lui-même serait au milieu de nous.* Notre-Seigneur me donnait ici un ordre pressant dont je ne pouvais douter. Cependant je balançais encore, parce que je prévoyais de grandes difficultés et que je me trouvais fort à mon aise où j'étais. Mais le Seigneur me commanda tant de fois la même chose et avec de si graves raisons, que je résolus de m'en ouvrir à mon confesseur. »

Thérèse consulta non seulement son confesseur, mais encore son supérieur provincial ; en outre, saint Pierre d'Alcantara, franciscain ; saint Louis Bertrand, dominicain ; saint François de Borgia, jésuite, et d'autres éminents théologiens et grands serviteurs de Dieu. Ils approuvèrent son projet et l'encouragèrent à l'exécuter « Mais à peine fut-il connu, écrit-elle, qu'il s'éleva contre nous une persécution qu'il serait trop long de raconter. Que de mots piquants ! que de railleries ! On me traitait de folle. Il n'y avait dans toute la ville presque personne qui ne fût contre nous. Les gens de bien eux-mêmes traitaient notre entreprise de folie. L'âme plongée dans la douleur, je me recommandai à Notre-Seigneur. *Il daigna relever mon courage et me dit que je devais voir par là combien avaient souffert les Saints qui avaient fondé des Ordres religieux ; il ajouta qu'il me restait à endurer beaucoup plus de persécutions que je ne pouvais penser, mais que je ne devais point m'en mettre en peine.*

« Nous trouvant secourues par beaucoup de prières, nous achetâmes une maison bien située mais fort petite. Je ne savais comment j'en ferais un couvent. Mais Notre-Seigneur me dit : « Entre comme tu pourras. Est-ce que moi je n'ai pas souvent manqué de place pour loger ? » La très sainte Vierge daigna aussi m'apparaître avec saint Joseph et me répéta ce que Notre-Seigneur m'avait déjà dit. Je les vis remonter au ciel, accompagnés d'une multitude d'anges. »

Ce n'est qu'après deux ans et au prix de mille traverses
que notre Sainte, autorisée par un bref du Saint-Père,
put entrer dans cet humble Nazareth, avec quatre demoi-
selles de la ville à qui elle donna l'habit religieux. A
peine la nouvelle se fut-elle répandue, que le démon,
furieux, suscita contre ce pauvre monastère, de nouvelles
tempêtes qui ne durèrent pas moins de six
mois. Le conseil de la ville, plusieurs fois, s'as-
sembla pour délibérer à ce sujet comme
si une armée ennemie assiégeait la cité
Il fut décidé que le couvent serait détruit.
Mais Dieu ne permit pas cette extrémité.

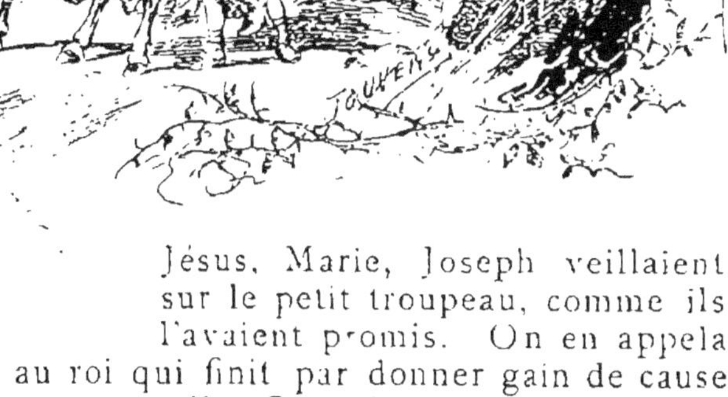

Jésus, Marie, Joseph veillaient
sur le petit troupeau, comme ils
l'avaient promis. On en appela
au roi qui finit par donner gain de cause
aux nouvelles Carmélites.

O grande Sainte, allumez dans nos
cœurs, pour le salut des âmes, un véritable
zèle que les contradictions ne puissent jamais refroidir
et encore moins éteindre.

Durant seize ans, sainte Thérèse fit de fréquents voyages pour
fonder des monastères (p. 29).

# X. — La grande œuvre de sainte Thérèse.

C'est le 24 août 1562 qu'avait commencé le premier couvent de la Réforme du Carmel. On y observait la Règle primitive donnée par saint Albert, patriarche de Jérusalem. Sainte Thérèse y ajouta de sages constitutions.

En entrant à Saint-Joseph d'Avila, elle se déchaussa, c'est-à-dire qu'en place de sa chaussure elle prit des *alpargates*, espèce de sandales en cordes tressées que portent les pauvres gens de Castille. Elle changea aussi son nom de *Thérèse de Ahumada* en celui de THÉRÈSE DE JÉSUS. Oui, elle fut bien, dès lors, tout entière à Jésus, à ses intérêts, à sa gloire, son bien, sa propriété dont il pouvait disposer d'une manière absolue ; en retour, Jésus se donna complètement à elle, prenant soin de son honneur, de ses œuvres. Une délicieuse légende a symbolisé cette donation parfaite de Thérèse à Jésus et de Jésus à Thérèse. On raconte en effet que sainte Thérèse, traversant un jour le cloître du monastère, rencontra, debout sur l'escalier, un gracieux enfant. Surprise : « D'où venez-vous, mon enfant, et qui êtes-vous ? » lui demanda-t-elle doucement. Il répondit : « Quand vous-même vous m'aurez dit qui vous êtes, je vous dirai qui je suis. — Je suis Thérèse de Jésus. — Et moi, je suis *Jésus de Thérèse* » Et la vision s'évanouit.

Sainte Thérèse n'avait d'abord songé qu'à fonder ce seul monastère de Saint-Joseph d'Avila. Mais la Providence voulait davantage. En 1567, *le Père Général des Carmes l'autorisa à établir d'autres couvents de Carmélites déchaussées, et bientôt il étendit cette permission aux couvents d'hommes. Sur les conseils et d'après les indications de la Sainte, saint Jean de la Croix inaugura très pauvrement, en 1568, le premier monastère des Carmes déchaussés,* à Durvelo. C'est à lui, après sainte Thérèse, que revient l'honneur d'avoir établi le Carmel réformé pour les hommes. C'est lui qui, par ses exemples, ses prières, ses leçons, en a formé les premiers religieux durant l'espace de vingt-trois ans. Comme elle, il s'est élevé à la plus haute perfection et a laissé d'admirables écrits pour la direction des âmes. Il fut aussi constamment le soutien, le consolateur et le guide de ses filles. Le but des Carmes déchaussés, comme celui des Carmélites, est le salut des âmes. Ils s'efforcent de le procurer principalement par l'oraison et la pénitence. et ensuite par la prédication et les autres travaux du saint ministère.

Sainte Thérèse avait cinquante-deux ans quand, pour répondre aux desseins de Dieu, elle entreprit de multiplier sur toute l'Espagne des monastères semblables à celui de Saint-Joseph *A l'âge où d'autres se reposent, cette femme, plus courageuse qu'un homme, embrassa mille fatigues, malgré ses nombreuses infirmités. Durant seize ans,* elle fit à travers le royaume de fréquents voyages pour fonder des monastères ou visiter ceux qui avaient été fondés, se mettant en route en tous temps et en toutes saisons, portée sur un vulgaire chariot, souvent par des chemins pleins de périls et nonobstant la fièvre qui l'accablait. Et dans ces fondations que de contre-temps ! que de déboires ! que de persécutions, même acharnées !

p rce que Dieu a coutume de ne laisser ses œuvres s'établir qu'au prix de bien des croix.

A sa mort il existait trente couvents de sa Réforme : seize de Carmélites et quatorze de Carmes. Neuf ans plus tard (1591), quand mourut saint Jean de la Croix, on en comptait soixante-dix-huit. Lorsque la vénérable Anne de Jésus, compagne de sainte Thérèse, décéda à Bruxelles (1621), ils étaient répandus dans la plupart des États de l'Europe et jusqu'au Mexique, en Perse, aux Indes, etc. Le célèbre couvent du Mont-Carmel, en Syrie, après trois cent quarante ans de ruine, fut relevé par les Carmes

Le célèbre couvent du Mont-Carmel restauré en 1827 (p 30).

déchaussés en 1632. Il a été restauré de nouveau par eux en 1827.

Après trois siècles d'existence, l'œuvre de la grande Réformatrice est restée debout malgré les révolutions. Les austérités qu'on pratique dans cet ordre sont loin d'être au-dessus des forces humaines. Même avec peu de santé, comme dit la Sainte, instruite par l'expérience, on peut les supporter allègrement, pourvu qu'on ait du courage et le véritable esprit intérieur. Elle-même, quoique toujours infirme, les observa joyeusement jusqu'à sa bienheureuse fin qui arriva le 4 octobre 1582.

O Sainte admirable, priez pour nous afin qu'à votre exemple nous sachions nous immoler, corps et âme, pour l'amour de Dieu et l'honneur de Notre-Seigneur Jésus-Christ.

## XI. — Mort de sainte Thérèse.

Après avoir fait la fondation de Burgos qui lui coûta plus de peines que nulle autre, Thérèse, épuisée par la fièvre, revenait à Avila quand un ordre du supérieur provincial lui enjoignit de se rendre aussitôt à Albe où elle était demandée. Obéissante jusqu'à la mort, elle se dirigea vers cette ville et y parvint, presque mourante, le 20 septembre vers les six heures du soir. Cependant les jours suivants elle voulut encore suivre les exercices de la communauté, mais le 29 elle dut garder le lit. Le 2 octobre elle demanda à se confesser ; le 3 on lui donna le saint Viatique. En l'attendant, se tournant vers les religieuses : « Pardonnez-moi, mes filles, leur dit-elle, les mauvais exemples que je vous ai donnés. N'imitez pas mes fautes, car je suis une grande pécheresse, mais *gardez bien votre Règle et vos Constitutions : obéissez toujours à vos supérieurs, je vous le demande pour l'amour de Dieu.* » Quand la clochette annonça le Saint-Sacrement, malgré son épuisement, elle se redressa sur son lit et s'y mit à genoux, et, entre autres paroles, elle s'écria : « O Seigneur ! elle est donc venue l'heure tant désirée... Il est temps de partir ; il est temps de nous voir... » Elle resta longtemps absorbée dans l'action de grâces. On l'entendit répéter à plusieurs reprises ces paroles du psautier : *Seigneur, vous ne méprisez pas un cœur contrit et humilié ;* et ces autres : *Enfin je suis fille de l'Eglise ! je meurs fille de l'Eglise !* et encore celles-ci : « Mes sœurs, priez pour que Dieu me pardonne mes péchés. J'espère qu'il me fera miséricorde à cause des mérites de Notre-Seigneur. Ne m'oubliez pas quand je serai en purgatoire. » La nuit se passa dans de

très grandes souffrances. Le 4, à sept heures du matin, s'étant couchée sur le côté gauche, le crucifix en mains, elle parut entrer dans une prière douce et profondément recueillie.

Après être restée quatorze heures dans cet état, elle exhala doucement son âme, plutôt par la violence de l'amour divin que par l'effet de la maladie.

Son corps est resté incorruptible et il en découle une huile parfumée. Thérèse de Jésus fut mise au rang des Bienheureux en 1614, et au nombre des Saints neuf ans plus tard. Ses immortels écrits font l'admiration du monde entier.

O grande sainte Thérèse, suscitez beaucoup d'âmes d'oraison qui jour et nuit lèvent leurs mains suppliantes sur la sainte montagne du Carmel et obtiennent la victoire à ceux qui combattent dans la plaine pour la cause de Dieu et de son Eglise.


## XII. — Crédit de sainte Thérèse auprès de Dieu.

Si l'Espagne, la France et la Belgique ont échappé au naufrage de l'hérésie protestante et conservé la foi catho-

« O Seigneur, il est temps de partir ; il est temps de nous voir »
(p. 30).

lique, plusieurs prétendent qu'on le doit à l'intercession de sainte Thérèse et à son œuvre qui fut établie en ces pays dès son début ou à peu près. Une autre tradition veut que notre Sainte, par ses prières, ait converti autant d'âmes que saint François-Xavier par ses prédications apostoliques. Or on sait que ce grand missionnaire baptisa plus d'un million d'infidèles. Quoi qu'il en soit, il est certain que ce qui détermina Thérèse (elle l'affirme elle-même) à établir la réforme du Carmel, ce fut surtout la pensée d'arrêter, par l'oraison et la pénitence, les ravages de l'hérésie, particulièrement en FRANCE où elle menaçait alors d'entraîner tout le royaume.

*Oh ! invoquons donc beaucoup sainte Thérèse,* en même temps que saint François de Sales, *pour la conservation de la foi, si affaiblie de nos jours, et pour le retour des dissidents à la véritable Eglise. Il ne faut pas douter qu'elle ne jouisse, pour cela, d'un grand crédit auprès de Dieu.*

Il est bon aussi de mettre les œuvres de zèle sous sa protection. Saint Alphonse de Liguori l'avait choisie pour patronne de ses travaux évangéliques : on sait combien ils ont été fructueux. Ce Saint composa en son honneur une neuvaine bien connue que nous ne saurions trop recommander à tous.

Du reste, notre Sainte est si aimable et *si reconnaissante de tout ce qu'on fait pour elle,* qu'elle est toujours disposée à nous venir en aide dans toutes nos nécessités, même temporelles, dès que nous ne lui demandons rien qui soit contraire à la gloire de Dieu ou à notre salut. Il faudrait de gros volumes pour raconter les miracles de bonté que Dieu a opérés par sa glorieuse servante.

O mon Dieu, merci de nous avoir donné la grande et douce sainte Thérèse ; et vous, ô Thérèse de Jésus, soyez louée sans cesse pour tout le bien que vous avez fait aux âmes, pour l'honneur si grand que vous avez procuré au divin Sauveur et à sa Mère. Tout indignes que nous sommes, nous vous prions de nous bénir et de nous obtenir les ineffables bénédictions du Cœur de Jésus-Christ Notre-Seigneur, à qui louange, amour et gloire soient dans tous les siècles.

**Abbeville.** — C. Paillart, imprimeur-éditeur des *Brochures illustrées de Propagande catholique.*

# SIGNET DE SAINTE THÉRÈSE

Que rien ne te trouble !    La patience obtient tout.
Que rien ne t'effraie !     A qui possède Dieu
Tout passe.                Rien ne manque.
Dieu ne change pas.     Dieu seul suffit.

---

# SONNET DE SAINTE THÉRÈSE

## à Jésus crucifié.

Ce qui m'excite à t'aimer, ô mon Dieu !
Ce n'est pas l'heureux ciel que mon espoir devance ;
Ce qui m'excite à t'épargner l'offense,
Ce n'est pas l'enfer sombre et l'horreur de son feu !

C'est toi, mon Dieu, toi, par ton libre vœu,
Cloué sur cette croix où t'atteint l'insolence ;
C'est ton saint corps sous l'épine et la lance,
Où tous les aiguillons de la mort sont en jeu.

Voilà ce qui m'éprend et d'amour si suprême,
O mon Dieu ! que, sans ciel même, je t'aimerais ;
Que, même sans enfer, encor je te craindrais !

Tu n'as rien à donner, mon Dieu, pour que je t'aime ;
Car si profond que soit mon espoir, en l'ôtant,
Mon amour irait seul et t'aimerait autant !

S.-B.

---